Anna Mancini

Estrategias Para Recordar Tus Sueños

Buenos Books America
www.buenosbooks.us

© Anna Mancini
www.amancini.com

http://espanol.amancini.com
www.amancini.com

ISBN: 978-1-963580-09-9

Ediciones: Buenos Books America
www.buenosbooks.us

INTRODUCCIÓN

Para aquellos que aún no me conocen, me presento brevemente antes de hablar sobre como se hace para reactivar su capacidad de soñar y recordar sus sueños.

Soy Anna Mancini, escritora, conferencista e investigadora independiente. Me apasiona comprender cómo funcionan el cuerpo, la mente y la vida humana. Desde muy chica, debido a las facilidades que tenía en esta área, siempre estuve interesada en los sueños. Más precisamente: en el fenómeno de los sueños. Lo que va mucho más allá de la narrativa del sueño para abarcar al ser humano como un todo, con su dimensión energética y física, tanto en sus relaciones con los demás como con su entorno.

Tuve mucha suerte durante gran parte de mi vida de beneficiarme de las condiciones ideales para dedicar casi todo mi tiempo a investigar, escribir libros y enseñar en este campo. Pude trabajar de forma independiente, con una mente libre y con originalidad, guiada por mis propios sueños. Tuve la idea de que se necesitaba observar los vínculos entre los sueños y la realidad para comprender de verdad lo qué son los sueños y como entender eficazmente el significado de la mayoría de ellos. Esta investigación me permitió desarrollarme personalmente y enseñar un nuevo arte de soñar, que es tan efectivo como accesible para todos. Mientras hacía este trabajo de observación, tuve todo tipo de ideas en estado de vigilia o en los sueños; para hacer experimentos en los sueños y en la realidad y para observar mejor lo que pasa cuando los seres humanos duermen, viven, y sueñan. También estudié tradiciones y prácticas antiguas y modernas. Gracias a este largo, y meticuloso trabajo de investigación, entendí como se puede vivir una vida mejor, más sabia, más útil y sobretodo más mágica. Esta investigación me permitió desarrollar algunas técnicas para:

-comprender el significado de los sueños;

-aprender a comunicarme mejor con el subconsciente;

-cuidar mejor de mi salud física y psíquica;

-aprender a ver el futuro en los sueños;

-desarrollar facultades consideradas como paranormales.

Y muchas otras cosas que podrás encontrar en mis libros y videos.

También aprendí muchas cosas útiles sobre el funcionamiento del cuerpo humano a la frontera entre los sueños y la realidad, sobre los poderes del cerebro humano, sobre el poder del subconsciente que vive en nosotros y nos guía en nuestro destino (que nosotros lo deseamos o no).

Me gusta compartir mis descubrimientos y lo hago regularmente en conferencias, talleres, intervenciones de radio y también a través de mis libros. Ya han permitido a muchas personas desbloquear sus habilidades oníricas y disfrutar plenamente de sus beneficios para mejorar considerablemente su vida.

Es posible hacer muchas cosas en los sueños. Por ejemplo: encontrar un objeto perdido; tener noticias de personas desaparecidas, distantes o en estado de coma; ver su futuro; ser alertado antes de que ocurran desastres naturales o accidentes; comunicarse con su hijo por nacer aún antes de estar embarazada, cuidar mejor de su salud física y energética.

Al contrario de lo que muchas personas imaginan, no es muy difícil lograr estos resultados. Solo basta tener un poco de paciencia y hacer un trabajo personal cada mañana para registrar sus sueños y su realidad de una cierta manera (durante un máximo de un año para los menos talentosos). Con este pequeño esfuerzo, podrás usar las técnicas simples que enseño para comunicarte de manera efectiva con tu subconsciente. Cuando hayas restablecido la comunicación con tu subconsciente, tendrás acceso a todos sus tesoros. Eso te permitirá una vida más fácil, más armoniosa y más en armonía con tu verdadero destino y tu verdadera personalidad. Será como si estuvieras accediendo a una cueva llena de tesoros que siempre te pertenecieron, pero que siempre has ignorado. La historia de Aladin y la maravillosa lámpara se relaciona con el antiguo conocimiento del sueño y la psiquis. Los invito a leerlo nuevamente en su versión original de los cuentos de "Las mil y una noches."

Cuando comencé a enseñar mis descubrimientos al público, no pensé que tantas personas me dijeran que no sueñan, nunca soñaron o recuerdan solo los sueños cuando son horribles pesadillas. Escribí este libro para ayudar a esas personas para que puedan desbloquear sus capacidades de soñar y de recordar los sueños y aprovechar también el poder sin limites del subconsciente para mejorar su vida.

Mi enfoque del fenómeno de los sueños no es ni psicoanalítico ni religioso. Es necesariamente espiritual, porque no podemos observar los vínculos entre los sueños y la realidad de las personas sin descubrir toda la dimensión espiritual del ser humano sobre la cual la sociedad occidental ha fallado. Espiritual, no significa religioso.

Podemos hacer investigaciones sobre la mente humana en total libertad y neutralidad, simplemente observando lo que sucede en la frontera entre el sueño y la realidad. Es decir, también entre el cuerpo y la mente. Nuestro cuerpo físico es un puente natural entre el mundo material y el mundo invisible que nos rodea. Estudié el fenómeno onírico con una mente libre de prejuicios, de una manera decididamente pragmática, y durante más de 25 años. Observé por primera vez qué sucede cuando sueño, cuáles son los vínculos entre los sueños y la realidad, cómo se comporta el cuerpo humano en la frontera entre los sueños y la realidad, cuál es el efecto del entorno material en el que duermo sobre el contenido de mis sueños. Luego, creé en Paris *Innovative You*, una asociación de investigación sobre la creatividad onírica en la que pude probar mis descubrimientos con otras personas, principalmente ingenieros e inventores. Todos los resultados que he podido obtener a través de mi investigación pueden ser verificados y reproducidos personalmente por todos aquellos que deseen tomarse el tiempo de hacer los experimentos mencionados en mis libros.

Este libro está destinado a todos aquellos que no sueñan o que dejaron de soñar y que desean disfrutar de todas las posibilidades que les puede ofrecer su subconsciente para vivir mejor su vida de vigilia y desarrollarse personalmente.

En las páginas que siguen, le contaré sobre las diversas formas de desbloquear y reactivar la capacidad de soñar, de las diversas causas de bloqueo de esta capacidad. Pasaré de las causas simples y más concretas a causas más emocionales y sutiles. Explicaré lo qué puede bloquear los sueños y su recuerdo y cómo superar estos bloqueos de forma natural.

La mayoría de las veces, te bastará una u otra de estas explicaciones y, utilizando la técnica o las técnicas que más te atraen, comenzarás a soñar normalmente. A continuación, podrás abrir la puerta de los sueños y podrás emprender un viaje emocionante en tu mundo interior y comprender mejor cómo funciona tu cuerpo físico en la intersección del sueño y la realidad. Al viajar en tu mundo interior, explorarás al mismo tiempo un mundo imperceptible para nuestros cinco sentidos en el que estamos todos siempre inmersos y que duplica nuestro mundo real. Podrás tomar conciencia de aspectos de tu existencia a los que nunca habías prestado atención y que podrán cambiar positivamente tu vida.

Cuando hayas desbloqueado tu capacidad para recordar tus sueños, habrás alcanzado el primer nivel de "la escuela de los sueños". Habrás superado el nivel cero que es el de las personas que duermen bien sin recordar los sueños. El nivel menos uno es el de las personas que sufren de insomnio.

Por suerte, hay muchas otras opciones además de los medicamentos para ayudar a las personas que sufren de insomnio. Escribí un libro en el que comparto todo lo que encontré durante mi investigación. En este libro (*Estrategias Para Dormir Mejor Y Volver A Tener Un Descanso Ideal*), hay consejos que generalmente no se encuentran en la literatura medicinal y que permiten entender porque no se duerme bien y, como recuperar un sueño natural.

Si recuerdas tus sueños, has llegado a la primera etapa de la escuela de los sueños. Por encima de este primer nivel, hay niveles más y más altos del arte de soñar. Dependiendo del nivel alcanzado, una persona puede:

-viajar en ciertos mundos de sueños;

-experimentar la lucidez onírica;

-comunicarse claramente en el estado de sueño con otras personas vivas, fallecidas, no aún nacidas, en estado de coma o con animales;

-visitar otras partes del universo;

- recibir en sueños ideas para hacer inventos u obras literarias o artísticas.

Estos niveles de sueño varían según el nivel de energía, el estado del cuerpo físico, los centros de interés y el nivel de conciencia de la persona que sueña.

CAPÍTULO 1: El ABC PARA RECORDAR LOS SUEÑOS

Cuando las personas acuden a mí porque dicen que no sueñan, lo primero que hago es preguntarles cuánto tiempo duermen, enseguida les pregunto a que hora cenan y qué comen, y finalmente, les pregunto cómo se despiertan y qué hacen al despertar. Hablaré de estos tres puntos un poco más abajo.

Las respuestas a estas preguntas me permiten hablarles de algunas medidas muy simples que pueden implementar para reactivar su capacidad de soñar y de recordar los sueños. Esto funciona para la mayoría de las personas que se lamentan de poder soñar. De hecho, Todos soñamos sin excepción porque soñar es algo absolutamente necesario para mantenerse en vida. Es lo que descubrieron los científicos en sus laboratorios haciendo experimentos en donde los sujetos que eran privados de la fase *REM* del sueño durante un cierto tiempo se morían.

Las personas que dicen que no sueñan simplemente olvidan sus sueños y, a menudo no necesitan mucho para reactivar los recuerdos de sus sueños.

1) La importancia del tiempo de sueño

Cuando era niña, estaba convencida de que dormir era inútil. Me hubiera gustado estar sin dormir o reducir el sueño al mínimo, pero nunca tuve éxito. Afortunadamente, pues de lo contrario, me habría perdido una "vida de sueño". Hubiera vivido como todas las personas que duermen muy poco para recordar sus sueños y que no pueden beneficiarse de toda la información adicional que nos brindan los sueños.

Es posible recuperarse físicamente con solo cuatro horas de sueño y sentirse en forma. Sin embargo, en mi opinión, no recargamos lo suficiente para activar la memoria de los sueños.

Según estudios realizados en el laboratorio, dormir solo unas pocas horas por noche, solo un período corto de REM sería beneficioso. (El período REM (*Rapid Eye Movement*) es en periodo en el que ocurre un movimiento rápido de los ojos, es el período durante el cual la ciencia piensa que estamos soñando). Según los científicos sería solo después de ocho horas de sueño que los períodos REM serían los más largos, hasta una hora completa, y por lo tanto nos pondrían en mejores condiciones para recordar nuestros sueños.

No puedo confirmar la explicación científica, ya que no tengo un laboratorio a mi disposición. Sin embargo, puedo decir por experiencia que una mala recarga de energía (ya sea que la noche sea corta o larga), evita o hace que sea extremadamente difícil recordar los sueños. El cuerpo físico se puede restaurar después de unas horas, pero la recarga de energía la mayoría de las veces no será óptima. Se podría comparar eso, por ejemplo, con el hecho de que, a pesar del cansancio, podemos movernos, comer y ocuparnos de nuestras cosas cuando pasamos una noche sin dormir. En tal caso, a pesar de la noche de insomnio, todo nuestro cuerpo funciona casi normalmente. Es al nivel de la mente que es mucho más laborioso. La memoria ya no funciona muy bien. Es más fácil olvidar cosas, hacer errores y provocar accidentes debidos a la falta de atención.

Por mi parte, nunca encontré alguien que duerme solo cuatro horas cada noche y que recuerda sus sueños. Por supuesto, puede ser que haya excepciones. El fenómeno de soñar y dormir es un área extensa y aún quedan muchas cosas por descubrir.

En el caso de las personas que duermen muy poco para recordar sus sueños, comenzar a soñar es muy simple. Les basta dormir más tiempo para empezar naturalmente a recordar sus sueños. A veces solo necesitan agregar una hora de sueño a su tiempo de sueño habitual.

Al alargar tus tiempos de sueño, tu recarga de energía será mejor, ya que permite reactivar las habilidades de los sueños que generalmente no pueden desarrollarse si se duerme solo unas pocas horas por noche.

Además, un despertar instantáneo y sin transición después de unas horas de sueño con un cerebro activo como en el estado de vigilia es "anormal". A menudo he comprobado este tipo de despertar en personas que solo duermen unas pocas horas por la noche. Esta situación es causada por un desequilibrio en los meridianos de la energía (los canales de energía del cuerpo en la medicina china). A menudo hay un "vacío del bazo de energía". Se puede remediar con unas pocas sesiones de acupuntura. Pero este es más un problema para dormir que un problema de capacidad onírica. Hablo de este tipo de insomnio con más detalle en otro libro.

Por ahora, debes recordar que para soñar con claridad y recordar tus sueños, tienes que dormir lo suficiente. Hay que evitar la acumulación de cansancio debido a la repetición de noches demasiado cortas, o de sueños perturbados por diferentes causas. Porque es mucho más difícil recordar los sueños cuando estás cansado.

Hay momentos en nuestras vidas en que es difícil dormir suficiente o conseguir un sueño de buena calidad. Pienso especialmente en los padres de recién nacidos. Afortunadamente, no dura toda la vida. Además de estas imposibilidades temporales, tu prioridad debería ser organizarte para dormir tanto como sea necesario y tener una calidad de sueño óptima.

El tiempo de sueño requerido para una buena recarga de energía varía de una persona a otra y según las estaciones. No tiene sentido ahorrar en tu tiempo de sueño pensando que podrás hacer más cosas en el estado de vigilia. Al no dormir lo suficiente, serás más propenso a los errores y al estrés. No podrás disfrutar de las intuiciones y las inspiraciones repentinas que pueden ahorrarte mucho tiempo. Duerme suficientemente para levantarte de buen humor y sin obligarte a salir de tu cama de mala gana. Serás mucho más eficiente y tu día será mil veces más agradable y alegre.

La manera en que duermes y el tiempo que pasas durmiendo determinan en gran medida la calidad de tu vida. Un sueño excelente, además de permitirte soñar con claridad, trae salud, longevidad, calma, buen humor, buen aspecto, hermosa piel y muchos otros regalos. En muchos sentidos, dormir es precioso. Es un verdadero tesoro, y se debe hacer todo lo posible para preservarlo.

Si eres una de las personas que duerme muy poco para recordar tus sueños, duerme más. Hay que tener en cuenta que dormir poco no te trae beneficios porque te hace sacrificar "una vida de sueño" y confiar únicamente en las habilidades limitadas de tu mente consciente para guiarte en la vida.

Para cambiar tus hábitos de sueño, podrías simplemente auto programarte permitiéndote dormir más tiempo, todo el tiempo que necesites para estar bien y recordar tus sueños.

¿Cómo hacer esto fácilmente? Cuando te acuestas en la cama, en el momento en que estás por caer en el sueño, imagínate de manera relajada (como en una ensoñación, en un tren cuando miras el paisaje) durmiendo más tiempo. Puedes imaginar que miras un despertador que marca una hora más tarde que tu hora habitual. Esta técnica muy simple instruirá a tu subconsciente para cambiar tus patrones de sueño. Algunas veces funciona la primera vez para algunas personas. Otros deben repetirlo varias veces.

Esta es una técnica simple y fácil de auto hipnosis que se puede utilizar para múltiples propósitos. Podrías también obtener ayuda de un hipnotizador o alargar tu tiempo de sueño con sesiones de acupuntura.

Además, consultar a un osteópata para verificar que todo esté en su lugar en la columna vertebral. Esto también puede contribuir en gran medida a dormir más. El bloqueo de las vértebras cervicales y particularmente del Atlas (la primera vértebra cervical) puede tener una influencia significativa en la cantidad y calidad del sueño.

Ser capaz de vivir durmiendo solo unas horas por noche a menudo se considera una hazaña en nuestra sociedad occidental, que pone tan poco énfasis en la vida e ignora el aspecto energético del cuerpo humano.

Hay que darse cuenta de que no es realmente ventajoso vivir sin soñar, para autorizarse a dormir el tiempo necesario para una recuperación excelente.

Para concluir este tema, desaconsejo absolutamente tomar pastillas para dormir más tiempo. Porque, además de sus efectos secundarios, tienen un efecto desastroso en la capacidad de soñar. Es mucho más conveniente usar plantas relajantes como la lavanda, la manzanilla, la valeriana, etc.

Si una de las causas más comunes de olvido es la falta de sueño, también hay personas que duermen mucho tiempo y no recuerdan o muy poco sus sueños. En este caso, le pregunto a estas personas:

2) ¿A qué hora cenas? ¿Qué estás comiendo? ¿Y cuánto tiempo después de la cena vas a dormir?

La vida moderna significa que muchas personas que trabajan lejos de casa no tienen el tiempo o los medios para almorzar adecuadamente. Como resultado, tienen mucha hambre por la noche cuando regresan a casa después de un largo día de trabajo, más el tiempo de transporte, y prefieren la cena como su comida principal.

Es agradable tener una buena cena con familiares o amigos de vez en cuando. Pero hacer esto todas las noches es desalentador por muchas razones. Hacer una buena comida por la noche poco antes de ir a dormir es malo para la salud, la figura, los sueños, la vida.

La sabiduría popular recomendaba: "Desayunar como un rey, almorzar como un príncipe, y cenar mendigo." La cena debería ser muy liviana u ocurrir muy temprano, por ejemplo, al menos cuatro horas antes de acostarte. Lo ideal es saltear la cena por completo. En estos tres casos, el sueño será más reparador y será más fácil recordar los sueños.

Las personas que tienen el hábito de comer copiosamente y luego quedarse dormidos muy rápido frente a la televisión o después que han leído algunas páginas, incluso algunas líneas de un libro, se despiertan con frecuencia sin ningún recuerdo onírico. Desafortunadamente, los raros momentos en que recuerdan un sueño, es una pesadilla provocada principalmente por una mala digestión.

Si no sueñas por tus cenas, será muy fácil reactivar las habilidades de tus sueños. Todo lo que necesitas hacer es cambiar gradualmente tus horas de comida y la consistencia de su cena. Te organizarás mejor para poder desayunar y almorzar lo suficiente para no tener mucha hambre por la tarde. Si puedes experimentar la omisión de la cena, inmediatamente verás la diferencia en la cantidad y claridad de los sueños. También te permitirá dormir mejor. Evitarás la mayoría de las pesadillas digestivas y tendrás sueños mucho más claros. A veces, cuando el hábito de comer copiosamente dura para siempre, las personas tienen un gran estómago obstruido por el gas y las heces estancadas durante años. Un vientre en este estado hace que sea muy difícil recordar los sueños. Al alterarse, la circulación sanguínea causa pesadillas debido al sufrimiento del cuerpo físico. Te aconsejo que leas el pequeño libro de Laure Goldbright: *Testimonio sobre los beneficios de la higiene intestinal*. Encontrarás toda la información necesaria para remediar naturalmente este problema.

Me gustaría agregar que, en nuestro tiempo, es importante proporcionar un presupuesto sustancial para comprar alimentos de calidad, lo más naturales y lo más vivos posible. Si solo comes comida muerta, grasa, enlatada, congelada y cargada de pesticidas, lo más barata posible, puedes "sobrevivir". ¡El cuerpo humano es increíblemente resistente a las malas condiciones de vida y afortunadamente para nosotros! Sobrevivirás de esta manera, pero tendrás un nivel de energía vital que no te permitirá alcanzar un cierto nivel de uso de tu cerebro y tu conciencia en los sueños y en la realidad. Estarás constantemente con falta de energía, no tolerarás la soledad, y siempre querrás exquisiteces o todo tipo de comidas e infusiones excitantes porque tu cuerpo y tu alma carecerán de comida real. Ahorrar en el presupuesto de alimentos, al igual que ahorrar tiempo de sueño, realmente no es una buena idea. Estas son dos opciones extremadamente desafortunadas que "reducen el nivel de vida", la "esperanza de vida" y hacen que sea muy difícil "tener una vida de sueños". La buena noticia es que nunca es demasiado tarde para cambiar por buenos hábitos en estas dos áreas.

En resumen: durmiendo más tiempo o cambiando el horario de la cena y / o su composición, la habilidad onírica se restablece rápidamente para el mayor bienestar de la gente.

Levantarse mientras se recuerda los sueños también es, en la mayoría de los casos, una señal de que uno se ha recuperado bien y goza de buena salud.

Sin embargo, también hay casos en que una gran abundancia de un cierto tipo de sueños es un signo de un desequilibrio energético o físico o de un exceso de sueño.

Cuando una persona que viene a verme duerme lo suficiente y se acuesta con un estómago liviano, pero no puede recordar sus sueños, y no tiene el estómago hinchado, le hago esta tercera pregunta.

3) ¿Cómo te levantas?

No tenemos solo un cerebro, el que está en la cabeza. La ciencia moderna ha descubierto que tenemos un segundo cerebro que está en el vientre. Y según la ciencia tendría doscientos millones de neuronas e interactuaría con lo que consideramos nuestro primer cerebro, el de la cabeza.

No es difícil observar, estando atentos a sí mismo, que al despertar la energía del sueño no está en el primer cerebro. Está en otra parte, en el vientre, pero también difusa en todo el cuerpo. El cerebro al igual que el cuerpo se está despertando gradualmente y ninguno de ellos debe ser apresurado. Cuando te despiertas, normalmente el cerebro no es emisor. Está en un estado de receptividad, una receptividad que conduce a la memoria de los sueños. Una vez que el cerebro comienza a emitir, es muy difícil recordar los sueños. Eso sucede cuando nos proyectamos a la vida real, por ejemplo, pensando en qué hacer durante el día, hablando con alguien o escuchando las noticias en la radio o la televisión, leyendo nuestros correos electrónicos.

Para poder recordar los sueños de manera efectiva, debes levantarte lentamente, sentarte en la cama para hacer la energía y los recuerdos de los sueños llegar gradualmente hasta la conciencia. Entonces es aconsejable permanecer en un estado relajado, receptivo y meditativo cerca del entumecimiento que precede al quedarse dormido. Es este estado el que servirá como un puente para tus sueños, para que puedan pasar más fácilmente a tu conciencia despierta y con claridad. Muchas personas que están acostumbradas a recordar sus sueños lo hacen naturalmente sin analizar lo que sucede cuando recuerdan sus sueños. Por supuesto, si te despiertas con la alarma estridente de un despertador, peor con la agitación cerebral causada por el recuerdo de tus preocupaciones diarias, no esperes recordar tus sueños efectivamente. En el mejor de los casos, solo recordarás algunos retazos de sueños o algunas pesadillas. Por supuesto, siempre puede haber excepciones. El subconsciente a veces puede tener mensajes tan fuertes y tan importantes que quiere transmitirlos a la conciencia despierta a pesar de las circunstancias más desfavorables.

Un despertar abrupto y agitado, además de hacerte perder tus habilidades oníricas, hiere tu cerebro y tu cuerpo. Si tienes que usar una alarma de reloj, organízate para ajustar tu sueño adecuadamente para que puedas despertarte naturalmente unos minutos antes de la alarma. Estos pocos minutos serán preciosos para recordar tus sueños. Al mismo tiempo, serán una bendición para la buena salud de tu cerebro y para tu equilibrio nervioso. Te sentirás mucho menos estresado durante el día si te levantas así.

Algunas personas aconsejan despertarse durante la fase *REM* para recordar fácilmente los sueños. Este es un método que no recomiendo. Por un lado, porque puede crear trastornos del sueño; por otro lado, porque es posible recordar sueños sin lastimar nuestro cuerpo. Es importante respetar nuestro cuerpo y nuestro sueño. Cuanto mejor trates tu cuerpo, más cooperará para ayudarte a desarrollar el arte de soñar. Los sueños no son solo un fenómeno de la mente. Es toda la persona humana que sueña y el cuerpo juega un papel importante en el proceso del sueño. Es un verdadero puente entre el mundo visible y el mundo invisible que nos rodea.

Lo ideal sería poder dedicar cada mañana a despertarse en silencio, gradualmente y a notar sus sueños. Este tiempo invertido se verá compensado en gran parte por el hecho de que la información capturada en el estado de sueño te hará ganar mucho tiempo en tu vida de vigilia.

No hace falta decir que las computadoras, tabletas y teléfonos deben permanecer apagados todo el tiempo. Solo los usarás después. En ese momento, pueden complementar tu trabajo de exploración de sueños. A menudo, cuando abro mi correo, me sucede que algunos de los sueños que acabo de mencionar son sueños premonitorios. En este caso, todo sucede como si hubiera recibido el correo electrónico en el sueño antes de leerlo en la realidad. Leer mis correos electrónicos por la mañana, después de anotar mis sueños y mi realidad, también me hace recordar muy a menudo otros sueños que había olvidado.

Probé la técnica mencionada por otros autores de quedarme en la cama y de ponerme de un lado y luego del otro para recordar los sueños. He encontrado que es mucho menos eficaz que sentarse en la cama. También podemos volver a dormir y despertarnos cansados porque dormir demasiado es tan perjudicial como la falta de sueño.

En resumen: vimos que para recordar los sueños debes dormir lo suficiente, cenar ligeramente y temprano y levantarte con toda tranquilidad. Si aún siguiendo estos consejos, no recuerdas tus sueños, puedes probar estos "empujones" más.

CAPÍTULO 2: AYUDAS PARA RECORDAR MEJOR LOS SUEÑOS

No soñamos siempre con la misma intensidad, con la misma claridad y de la misma manera. A veces, ocurre que incluso los "soñadores profesionales" se levantan sin recordar sus sueños. Ya que despertar sin recordar sueños es muy raro para ellos en este caso utilizan técnicas para tratar de hacer resurgir sus sueños. Tu puedes hacer lo mismo. Estas técnicas que explico debajo no requieren asistencia externa, se pueden usar de forma independiente.

1) Auto-ayudas para hacer volver a la memoria sueños enteros, imágenes o fragmentos de los sueños

Si te despiertas poco a poco y en silencio después haber dormido bien por la noche y sin embargo no puedes recordar los sueños. No te desanimes. Haz lo siguiente:

<u>a) Siente el despertar gradual de tu cuerpo, observa el humor con que te despiertas y cuáles son tus emociones.</u>

Si no puedes recordar el principio de tus sueños cuando te despiertas, ponte en contacto con tu cuerpo. Esto traerá de vuelta a la memoria imágenes, emociones o fragmentos de tus sueños. Trata de sentir cada parte de tu cuerpo y de tomar conciencia del despertar gradual de tu cuerpo. A continuación, observa tu estado psicológico. ¿Cómo te sientes? ¿Estás feliz de empezar un nuevo día? ¿Estás de mal humor? ¿O te sientes cansado y deprimido, sin ganas de vivir?

Incluso si te sientes incómodo, observa sin juzgar estas impresiones y emociones. Anota todo esto en un cuaderno en silencio meditativo, tomándote el tiempo para formar bien las letras. Mientras escribes de esta manera relajada, sin prisas, otros fragmentos de tus sueños y a menudo sueños enteros volverán a tu memoria claros y precisos y, te sorprenderá haberlos olvidados.

<u>b) Si no obtienes resultados con lo que expliqué en el primero punto:</u>

No te desanimes, ponte a escribir en tu cuaderno lo que hiciste el día anterior. Para ello, comienza por escribir tus actividades desde el final del día hacia la mañana. Puedes También hacer este ejercicio en cualquier momento del día para mejorar tu memoria en general. Si lo haces por la mañana, verás fragmentos de sueños, de información, intuiciones y emociones salir a la superficie. La persona que sueña siendo la misma que la que vive su realidad, sus sueños y su realidad están relacionados, y es por eso que recordar lo que hiciste durante el día anterior hace volver sueños o fragmentos de sueños a la memoria. El ser humano que sueña es el mismo que vive su realidad. Sin embargo, muy pocas personas en el mundo occidental se recargan la energía suficiente para experimentar plenamente la continuidad de la vida humana, del sueño a la realidad y hacia atrás y aprender a hacer un mejor uso de su tiempo de sueño.

Después de haber escrito acerca de tu realidad del día anterior, camina por la habitación, abre las ventanas y respira. Empieza el día con la resolución de recordar bien todo lo que harás durante tu día. Esto significa que vas a vivir tu día con más conciencia. Verás que no es un ejercicio tan fácil porque a menudo vivimos distraídamente sin prestar atención a lo que hacemos, sin mirar a las personas que conocemos, sin escuchar los sonidos de nuestro entorno. Pero estarás entrenado para vivir con conciencia tu vida real y tendrás posibilidades de recordar mejor tus sueños. Por lo tanto, si somos tan inconscientes en la vida despiertos, va a ser difícil serlo en el sueño y recordarlos. El impulso de la conciencia en la vigilia se recuperará automáticamente en la memoria de los sueños, será mejor.

c) Las actividades creativas:

Realizar actividades creativas suaves y relajantes al despertar, pueden también ayudar a hacer salir a la superficie de tu memoria imágenes, intuiciones, emociones, fragmentos de tus sueños y algunas veces sueños enteros claros y precisos. El despertar es el momento más favorable, pero eso puede también funcionar en cualquier otro momento. El tipo de actividad creativa no importa, lo principal es hacerlo de manera relajada, dejando tu cerebro racional a un lado tanto como sea posible y divirtiéndote como si fueras un niño. Estos son algunos ejemplos de actividades creativas que funcionan bien: inventar una historia, hacer dibujos o incluso garabatos, organizar aleatoriamente pequeñas piedras de diferentes colores y formas, tirar cartas al azar de un juego y colocarlas frente a ti de una manera que te encante, o poner objetos, cartas, piedras en los lugares de tu casa donde realmente quieres colocarlos en ese momento. Si te gusta leer y tienes una biblioteca, ve a elegir un libro. Ábrelo al azar con los ojos cerrados, coloca el índice en algún lugar del libro, luego abre los ojos y lee lo que está debajo de tu dedo. Al hacer esto, a menudo nos encontramos con algo relacionado con nuestros sueños y esto tiene la consecuencia de hacerlos salir de la conciencia. Intenta ver qué funciona mejor para ti. Las actividades creativas o lúdicas nos ponen en contacto muy fácilmente con nuestra mente subconsciente y hacen que las imágenes, las emociones, los retazos de sueños, incluso sueños completos claros y precisos puedan volver a la memoria.

d) Revisa tus proyectos, piensa en las personas que conoces:

Si las técnicas mencionadas anteriormente no funcionaran para ti, prueba esta. Repasa en tu mente, de una manera calma y relajada (como cuando estas en un tren y miras el paisaje), las imágenes de las personas que conoces. Piensa también de la misma manera en tus actividades, tus proyectos, etc. Esto puede desencadenar la memoria de ciertos sueños, porque los sueños, y la realidad de la misma persona están vinculados y también porque tu subconsciente prepara tu vida de vigilia y te proyecta a tu futuro.

Es por esta razón, que muchas veces sucede que durante el día una actividad, un gesto, una reunión, un cartel publicitario, una llamada telefónica, o un olor hagan volver a la memoria un sueño claro y preciso del que, sin embargo, por la mañana al despertar parecía que no quedaba rastro. Las impresiones de *déjà vu* provienen del hecho de que ya hemos visto algunos lugares o vivido algunas situaciones en el sueño, pero los olvidamos por la mañana al despertar. Si comienzas a observar eficazmente los vínculos entre tus sueños y tu realidad durante un largo período de tiempo, podrás ver que todo lo que vivimos en la vida despierta se programó por primera vez en la energía del sueño, en el subconsciente. Los eventos de tu realidad se programan en el sueño en general para el día siguiente, pero también a veces con unos días, semanas o años de anticipación. De hecho, todo sucede como si viviéramos nuestra vida al revés. En realidad, que te gusta o no, no es la mente consciente la que impulsa el bote de nuestra existencia, sino nuestras fuerzas subconscientes. Por lo tanto, es mejor estar en sintonía con nuestras fuerzas subconscientes escuchando nuestros sueños. Esto para evitar vivir una vida caótica y desequilibrada a causa de las malas decisiones que tomamos, usando solo la mente racional que está atrapada en nuestro ego y las convenciones sociales. Sin embargo, el ego y la mente, también están involucrados en el arte de soñar. Solo necesitamos aprender cómo usarlos mejor y hacer que cooperen con el subconsciente. Por lo tanto, necesitas también que tu cerebro esté suficientemente activo en la vida diurna.

e) Despertar los cerebros perezosos:

Si durante el día no logras que tu cerebro trabaje lo suficiente, también tenderá a ser perezoso mientras duermes. Si tienes problemas para recordar tus sueños, haz que tu cerebro trabaje durante el día y especialmente por la tarde antes de acostarte. Para eso puedes escribir un texto, resolver problemas, inventar soluciones, imaginar problemas alternativos a una historia que hayas leído. Durante el día (pero no de noche, ya que esto puede causar insomnio), lee historias divertidas y ríe. Si has estado fuera de la escuela por un largo tiempo, vuelve a aprender algo. Por ejemplo, otro idioma, o comenzar una actividad artística. Debemos continuar aprendiendo cosas durante toda la vida para mantener nuestro cerebro activo, dinámico y vivo. De lo contrario, el cerebro se vuelve perezoso tal como nuestro cuerpo cuando no nos movemos lo suficiente. Los ojos también se vuelven perezosos a su manera y una de las consecuencias de esto es la contracción de los músculos oculares que, a través de un efecto de entrenamiento, se reflejan en todo el cuerpo.

f) Técnicas de relajación ocular:

Los ojos juegan un papel importante en el proceso de los sueños y el acceso al subconsciente. La ciencia no sabe exactamente qué está sucediendo, pero en los laboratorios científicos se ha descubierto que durante la fase *REM* del sueño, los ojos se mueven rápidamente. *REM* significa movimiento ocular rápido.

Observé que el uso de técnicas de relajación ocular también puede mejorar la calidad del sueño y la memoria de los sueños. La razón de estos resultados es simplemente que cuando los ojos están relajados, eso relaja también todo el cuerpo. Dormimos mejor cuando nos acostamos en un estado relajado. Cuando estamos relajados, soñamos mejor y también tenemos más oportunidades de recordar nuestros sueños. Aquí hay tres técnicas fáciles que funcionan muy bien. Puedes usarlas tanto por la noche poco antes de ir a dormir, o durante el día y completarlas antes con la técnica de auto hipnosis que mencioné anteriormente. Estas tres técnicas son: mirar todos los detalles de una imagen, palmear, balancearse. Te invito a leer un libro interesante sobre el tema, escrito por el Dr. William H. Bates (1860-1931), un oftalmólogo de Nueva York: *Vista perfecta sin gafas*, La cura de las imperfecciones. Hay muchas ediciones de este libro, muchas de las cuales han sido abreviadas. Te aconsejo que obtengas una versión completa (alrededor de 400 páginas) porque, en las que tienen menos de 200 páginas, lo esencial se pierde de vista.

Mira los detalles de una imagen:

Es muy fácil de hacer. Toma una fotografía o un dibujo que te gusta y que contiene muchos detalles. A veces hago este ejercicio para relajarme durante el día, con un cuadro que compré durante una estadía en Creta y que me recuerda las fiestas y la amable persona que me lo vendió.

Observo en silencio una parte muy pequeña de la pintura, por ejemplo, los dientes de cada delfín que tienen la boca abierta. Mi mirada se fija en cada detalle de la pintura. Hago esto ocultando el ojo derecho o izquierdo con la mano, luego hago lo mismo con el otro ojo. Entonces empiezo de nuevo con ambos ojos. Esto trae relajación a los ojos y mediante el entrenamiento se relaja todo el cuerpo.

El palming:

Es un ejercicio de relajación de los ojos que es muy efectivo para relajar todo el cuerpo. Para hacer esto, primero lávate las manos. Frótalos juntos para sentir el calor entrando. Luego ponlas, cruzándolas, sobre tus ojos, sin presionar, pero ocultando la luz.

Una vez que tus manos estén puestas, relájate e imagina de la manera más pasiva posible un objeto negro, el más negro o un punto negro. Haz este ejercicio por la noche antes de irte a dormir y complétalo antes de quedarte dormido con la técnica de auto hipnosis explicada anteriormente, para recordar tus sueños. También funciona con otro color.

Balancearse:

Los movimientos del cuerpo hacia la derecha y hacia la izquierda permiten que tus ojos se muevan naturalmente debido al movimiento de todo el cuerpo y sin esfuerzo, relaja los ojos y al mismo tiempo tu cuerpo. Completa este ejercicio con la técnica de auto hipnosis explicada anteriormente. (Evita balancearte antes de acostarte, es mejor hacerlo durante el día).

En general, todos los ejercicios para relajar tus ojos tendrán el efecto de relajar al mismo tiempo tu cuerpo y mejorar el sueño y el recuerdo de los sueños. También mejorarán tu vista. Muchas personas se han liberado de sus lentes utilizando los métodos del Dr. Bates.

En este punto, si todavía no puedes recordar tus sueños, prueba este material y ayudas técnicas. Los clasifiqué en la categoría "material y ayuda técnica".

2) Ayudarse con técnicas materiales

<u>Los efectos del cuarzo sobre los sueños</u>

En un momento de mi vida, cuando ya había hecho un montón de trabajo personal sobre los sueños, empecé a soñar que veía cristales, especialmente cuarzos y gemas de gran belleza. Eran sueños muy agradables que me daban ganas de levantarme e ir a las tiendas de minerales. Vivía en París, donde tenemos varias tiendas de minerales. Allí compré algunas piedras y libros sobre las propiedades de las piedras. Leí los libros y tuve la idea de probar las propiedades de las piedras gracias a los sueños.

Las puse (una a la vez) debajo de mi almohada y dormí normalmente. Por la noche, en el estado de sueño, mis percepciones son mucho más extensas que en mi vida de vigilia y puedo sentir el efecto de las piedras en mi cuerpo y en mi psiquis. (Puedes aprender a hacer lo mismo, no es difícil). Con ciertas piedras, sentí efectos que eran consistentes o no con lo que estaba escrito en los libros que había leído sobre las propiedades de las piedras. Con otras piedras, no sentí ningún efecto ni en los sueños ni en la realidad. De todas las piedras que he probado, el cuarzo ha tenido el efecto más espectacular e interesante sobre los sueños.

De hecho, he observado que el cuarzo tiene la propiedad de amplificar el pensamiento y la memoria de los sueños. Hace posible tener más sueños, tener más claridad y recordarlos mucho mejor. Tú también puedes probar este cristal. Para eso, ve a una tienda de minerales y elige una buena punta de cristal de cuarzo lo más transparente posible. Elige intuitivamente el cristal que más te atraiga. Antes de usarlo por primera vez, pásalo bajo el agua para limpiarlo de todas las influencias acumuladas antes de llegar a ti. (Los objetos y lugares absorben el ambiente de la gente). Luego coloca el cristal debajo de tu almohada y duerme normalmente. Verás la efectividad del cuarzo, pero debes encontrar el que más te conviene. El tamaño del cristal no es lo que más importa. Aquí hay una fotografía de la punta de cuarzo que he usado durante años y que compré en las orillas del río Hudson en Nueva York.

Más tarde, compré uno mucho más grande en París pensando que sería más efectivo. Pero no es tan efectivo como el que compré en Nueva York. Aquí hay una fotografía de mi cuarzo comprado en París. Al lado, hay una estatuilla que es una réplica de una descubierta por los arqueólogos en las ruinas de los templos de Malta. Estos templos fueron construidos hace más de 6000 años y se cree que estas estatuillas de mujeres dormidas se relacionarían con la práctica espiritual del arte de soñar. Si pudiera ir a dormir en uno de estos templos o poner debajo de mi almohada un objeto recientemente descubierto en estos templos, podría saber más.

Un segundo uso posible del cuarzo para mejorar la memoria de los sueños es poner un cristal en una botella de agua de vidrio. Luego pon esta botella de agua al sol y bebe un poco antes de ir a dormir. Descubrirás que tus sueños serán mucho más brillantes y será mucho más fácil para ti recordarlos.

Por supuesto, debes ser honesto y coherente con ti mismo. Si te vas a la cama después de haber comido como un ogro, no esperes que el cristal, como por arte de magia, te permita tener sueños claros. Esto también se aplica a otros materiales que presentaré ahora.

<u>El aceite esencial de Salvia:</u>

Colocar unas gotas de aceite esencial de salvia en una almohadilla de algodón en una taza de agua cerca de tu cama te ayudara a recordar tus sueños. El aceite esencial de salvia tiene un efecto ligeramente hipnótico. No debes usarlo si estás estresado, porque en este caso, puede causar insomnio. Tampoco debes usarlo si no te gusta el olor.

Hay otros aceites esenciales relajantes, como la lavanda, el aceite esencial de mandarina, de naranja amarga o de jazmín que puedes poner en tu habitación para ayudar a relajarte y a soñar mejor. Puedes usar un difusor o simplemente colocar en una taza de agua algodón con unas gotas de aceite de tu elección. Comienza con agua muy caliente para evaporar el aceite.

Puedes encontrar mucha información sobre aceites esenciales y sus propiedades en Internet y en libros especializados.

Cuanto más relajado estés, más fácil será soñar y recordar tus sueños. Para aumentar tu nivel de relajación, antes de ir a dormir no dudes en beber un té de hierbas relajantes de tu elección (en pequeñas cantidades para evitar tener que orinar durante la noche). Elige infusiones de excelente calidad, orgánicas y a granel en lugar de sobres. Yo Disfruto particularmente los tés de hierbas de lavanda que me dan un sueño muy tranquilo. Por supuesto, prepara tu té con agua pura, la más desmineralizada posible. También puedes destilar el agua del grifo para obtener agua pura. (Escriba "destilador de agua" en un motor de búsqueda para obtener información sobre el agua destilada y los destiladores disponibles comercialmente).

Cuando estoy muy estresada, me complemento con magnesio. Perdemos magnesio cuando estamos estresados, y luego es un círculo vicioso. Tuve la oportunidad de descubrir un magnesio que supera en efectividad todo lo que existe en el mercado. Este es el aceite de magnesio.

Fotografía del aceite de magnesio:

Encontré este producto natural a través de una búsqueda en Internet que hice al regresar de un viaje que me había estresado mucho y que me dio la idea de escribir en Google: "¿Qué minerales perdemos cuando estamos estresados?" De una cosa a otra, llegué a un sitio que vendía "aceite de magnesio". Cuando leí artículos que promocionaban los innumerables beneficios de este producto, parecía demasiado bueno para ser cierto y pensé que era una estafa. Mi intuición, sin embargo, me dijo que lo intentara y la escuché como de costumbre. Especialmente porque este producto no cuesta dinero y realmente no corría un gran riesgo financiero o físico para probarlo. Tuve la suerte de encontrarlo en una tienda cerca de mi casa en París. También se puede ordenar en línea. Encontrarás revendedores fácilmente. El "aceite de magnesio" es un remedio natural que llena eficazmente la deficiencia de magnesio que todos sufrimos cuando estamos en un estado de estrés. El aceite de magnesio en realidad no es aceite, sino un líquido blanco translúcido un poco viscoso. Es agua de mar con agua. Procede de un mar fosilizado descubierto hace unos años en Holanda. Esta agua de mar contiene magnesio natural de excelente calidad. Basta con poner una avellana diaria en la piel para sentir los beneficios rápidamente. La piel absorbe el magnesio de manera mucho más eficiente que el sistema digestivo. Por mi parte, antes de conocer el aceite de magnesio que ahora uso regularmente, no podía tomar magnesio sin tener el sistema digestivo totalmente alterado. El único magnesio que admití fue el homeopático. El aceite de magnesio es un producto excelente que no dudo en recomendar. Ayuda a relajarse y también a aliviar el dolor muscular y la tendinitis debido al estrés. El estrés es uno de los mayores enemigos del sueño y los sueños. Afortunadamente, hay muchas maneras a nuestra disposición que nos pueden ayudar a relajarnos: yoga, acupuntura, meditación, caminar en la naturaleza, deportes, lectura o las técnicas de relajación ocular mencionadas anteriormente. Elige lo que es más efectivo para ti y que te gusta más. Hacer el hábito de registrar nuestros sueños por la mañana también ayuda a estar mucho más relajado durante el día.

Intenta ir a la cama ya relajado y antes de quedarte dormido decide que dormirás bien, que soñarás bien y recordarás tus sueños. También puedes tomar un vaso de agua, beber la mitad y decidir que a la mañana siguiente, cuando tomes la otra mitad, recordarás tus sueños. Esta es una de las muchas técnicas de autosugestión, imagine la autosugestión que será más efectiva para tu mente.

Si todo lo mencionado anteriormente no te ha funcionado bien, solicita ayuda a tus seres queridos. Lo llamo "refuerzo externo" porque necesitas pedir ayuda externa o usar el efecto de entrenamiento de otros cerebros de personas que duermen.

3) Los "refuerzos" externos

Los estadounidenses tuvieron la suerte de tener entre ellos a Edgard Cayce, que vivió entre 1877 y

1945. Era capaz, cuando estaba en trance hipnótico, de hacer cosas increíbles y, en particular, de formar personas en el arte de soñar. El era capaz de recordar partes de sueños que los consultores mismos habían olvidado, una cosa extraordinaria y muy útil. ¡Edgar Cayce ya no está aquí para ayudarte y tendrás que arreglártelas solo! De todos modos, él estaba en los Estados Unidos. En Francia, que yo sepa, no hemos tenido la oportunidad de tener un personaje como Edgar Cayce. Sin embargo, en el siglo XIX vivió en Francia un hombre muy interesado en los sueños lúcidos. Era Hervey de Saint Denys. El Tenía muchas ideas para hacer todo tipo de experimentos. He aquí una de ellas para ayudar a un amigo a recordar sus sueños.

<u>a) El truco de Hervey de Saint Denys para ayudar a un amigo a recordar sus sueños:</u>

Hervey de Saint Denys (1822-1892), que escribió en 1867 su famoso libro *Los sueños y las formas de dirigirlos*, fue sinólogo, profesor en el College de France y miembro de la Academia de inscripciones y bellas letras. Tenía el don de hacer naturalmente sueños lúcidos desde su infancia y, desde los catorce años había llevado un diario de sus sueños y experimentos en este campo. En su libro citado anteriormente que se ha convertido en la Biblia de los sueños lúcidos en Occidente y que te aconsejo leer Hervey de Saint Denys comparte sus experimentos. (Abro un pequeño paréntesis para aquellos que no saben lo que es un sueño lúcido: es un sueño en el que uno sabe que está soñando y en el que uno tiene la posibilidad de decidir de cambiar el curso del sueño, o de hacer algunos experimentos, como volar o saltar desde un acantilado.) Citaré aquí un extracto del libro de Hervey de Saint Denys para que descubras el truco que inventó para ayudar a su amigo a recordar un sueño. Tu también puedes usar esta técnica pidiéndole ayuda a alguien.

Cita del libro *Los Sueños y Como Dirigirlos*:

"Un amigo íntimo, con quien hice un largo viaje y que estaba interesado en mi investigación, era un hombre convencido de que nunca había soñado en su primer sueño. Varias veces lo había despertado poco después de que se había quedado dormido, y siempre me había asegurado de buena fe que no recordaba ningún sueño. Una noche, mientras él dormía hacía media hora, me acerqué a su cama, pronuncié en voz baja algunas órdenes militares: ¡Usa un arma! listo-arma! etc., y lo desperté suavemente.

- "¡Oye! Bueno, le dije, esta vez ¿no has soñado nada?

- Nada, absolutamente nada, hasta donde yo sé.

- Mira bien en tu cabeza.

- Estoy buscando, y encuentro que hay un período muy completo de aniquilación.

"¿Estás seguro", le pregunté entonces, "que no viste a un soldado ..."

Con esta palabra soldado, me interrumpió sorprendido y me dijo: "¡Así es! ¡Es verdad! Sí, ahora lo recuerdo. Soñé que estaba en un regimiento militar. ¿Pero cómo lo adivinaste?"

Le pedí permiso para guardar mi secreto hasta que renové la experiencia. Esta vez, murmuré cerca de él los términos del carrusel y una conversación casi idéntica se estableció entre nosotros, tan pronto como estuvo despierto. Al principio no tenía en mente la idea de ningún sueño, entonces recordó, según mis indicaciones, lo que mis palabras habían provocado; y, también encontró el recuerdo de varias visiones anteriores, de las cuales mi intervención había perturbado el curso.

Poco después de este segundo experimento, hice otro que no fue menos exitoso. En lugar de utilizar el habla como un medio para influir en el sueño de mis compañeros, había un poco agitado pequeñas campanas, el ruido había planteado la idea de que continuamos nuestro viaje en un coche de correos que vagabundeaba por las carreteras "(Hervey de Saint Denys, *Los sueños y los medios de dirigirlo*).

Si esto te molesta o no puedes obtener ayuda de alguien para usar el truco de Hervey de Saint Denys, puedes usar discretamente el efecto de las ondas cerebrales de otros soñadores.

b) Uso del efecto de entrenamiento de las ondas cerebrales de otros soñadores

Un día de verano, mientras escribía en mi habitación del ático en París, la gata de mi vecino Mistigri vino a visitarme. Lo hacía muy a menudo, porque mi casa era el bar de los gatos del barrio que solían venir y beber en las tazas de agua que tenía cerca de mi ventana para humidificar el aire. Ese día, después de beber un poco de agua, en lugar de volver a los tejados de París, Mistigri se fue a la cama y se durmió. Estaba despierta y trabajando en la computadora, y pudo apreciar su presencia relajante. Ella misma disfrutaba poder liberarse de sus cachorros y dormir en paz. Sin embargo, después de diez minutos, sus cuatro hijos entraron por la ventana, bebieron un poco en las tazas de agua y comenzaron a dormir junto a su madre. Así que tuve cinco gatos durmiendo en la habitación. Lo cual tuvo el efecto de entrenarme también en el sueño. Un sueño que era demasiado difícil de resistir. Me acosté con los gatos y cuando me desperté, se habían ido. Esta experiencia fortuita me dio la idea de probar el efecto de las ondas cerebrales de otras personas sobre los sueños y el sueño. Entonces pedí a amigos y familiares que durmieran en la misma habitación que yo por lo menos una noche. Intenté con una persona a la vez para probar el efecto de la presencia de una persona determinada en mis sueños, mi sueño y mi campo de energía. Luego tuve la idea de probar el efecto de un gran grupo de personas en mi sueño, mis sueños y mi nivel de energía.

Como mi alojamiento en París no era suficiente para poder dormir en la misma habitación con, por ejemplo, cincuenta personas, tomé una tarjeta de Hoteles y me fui a dormir en dormitorios abarrotados, preferiblemente mixtos. Pude sentir en el sueño y en la realidad el efecto de las ondas cerebrales de un grupo de personas dormidas. Les paso los detalles y vuelvo a lo que más nos interesa: el recuerdo de los sueños. Cuando duermes en un lugar ocupado por muchas personas que también duermen, te beneficias del efecto de grupo que armoniza la energía de tu cuerpo y te da un impulso para volver a dormir mejor, a soñar mejor y a recordar tus sueños (Por supuesto, necesitarás estar equipado con dispositivos para taparte los oídos y una máscara para los ojos, si eres sensible al ruido y a la luz). Si no duermes la primera noche, estarás muy agotado y dormirás inevitablemente la próxima noche. Así que reserva por lo menos dos noches para disfrutar el efecto de ondas cerebrales de un grupo de durmientes.

No sé si hay laboratorios científicos en los que estudian y miden los intercambios de energía entre los cerebros de las personas que están dormidas, pero sé por experiencia que nuestros cerebros intercambian información y energías tanto en la realidad como en el sueño. (Este fenómeno también fue observado por otras personas interesadas en los sueños). Tampoco necesitas tener un laboratorio para evaluar el efecto grupal sobre tu sueño y tus sueños. Este es un vasto campo de descubrimiento que explicaría los efectos de las multitudes, el éxito de ciertas canciones y música, y el hecho de que a menudo los inventos se hacen casi al mismo tiempo en lugares muy alejados del planeta. Se observa mientras se estudia el proceso del sueño que el pensamiento viaja al instante, más rápido que la luz.

Puedes aprovechar este fenómeno de interrelaciones entre los cerebros para ayudar a reactivar la memoria de tus sueños. Para eso, solo tienes que dormir al lado de alguien que tenga la costumbre de dormir bien, soñar bien y recordar sus sueños. Dormir en un gran dormitorio de un albergue será aún más efectivo. Porque te beneficiarás de un potente efecto de grupo que estimulará las habilidades de tus sueños.

Del mismo modo, he encontrado que tiene un efecto interesante el ayudar a "recuperar todos los ritmos" si tienes horarios de sueño escalonados (por ejemplo, desfase horario debido a un viaje). En este caso, te beneficiarás de la energía del grupo que te ayudará a reequilibrar todas las funciones de tu cuerpo. Si tu madre tiene un buen ritmo de sueño / vigilia, y si a menudo haces viajes distantes que molestan a tus ritmos, en lugar de tomar melatonina u otra cosa, puedes probar de ir a dormir a su casa, será mucho más efectivo. Por el hecho de que es principalmente el cuerpo de nuestra madre el que hizo nuestro cuerpo, esto se alinea rápidamente con los ritmos de sueño / vigilia de la madre. Es algo muy poderoso, pero si no es posible hacerlo por una razón u otra, puedes probar lo mismo con otro miembro de tu familia. Funciona también, aunque es menos eficiente. Como puedes ver, se pueden realizar todo tipo de experiencias emocionantes y útiles sobre los sueños y el sueño teniendo una vida normal.

Si no deseas dormir cerca de otras personas, también puedes beneficiarte de su ayuda haciendo lo siguiente:

c) Pon debajo de tu almohada objetos que pertenecen a personas que sueñan bien

Durante mis observaciones sobre los sueños, observé que recuperé en mis sueños la información de los objetos que coloqué cerca de mi cama. Así que tuve la idea de probar activamente el efecto en mis sueños de objetos pertenecientes a otras personas. Por esto, aburrí a mis amigos para que me prestaran objetos pertenecientes a personas a su alrededor sin decirme quién era. Luego, escribí mis sueños por la mañana y verifiqué con los amigos que me habían prestado los artículos si mis sueños contenían información sobre las personas que los poseían. En el noventa y nueve por ciento de los casos, había soñado la noche de información relacionada con los propietarios de estos objetos. (Por supuesto, si hubiera soñado con algo íntimo que a la gente no le gusta contar, nunca menciono esta información). Hay psíquicos que hacen esto en el estado de vigilia, y esto se llama psicometría. Hago esto naturalmente durmiendo con un objeto al lado de mí o debajo de mi almohada y cualquiera puede hacerlo. No hay necesidad de ser un médium, en la medida en que nuestro subconsciente captura naturalmente la información de todo lo que nos rodea. Parte de esta información se puede traer a nuestra conciencia a través del sueño. Capturar información de nuestro entorno es algo bastante natural y común, y forma parte de nuestro instinto de conservación y de la inteligencia de nuestro cuerpo físico.

Es posible recopilar información sobre las personas que han tenido un objeto, especialmente los que llevamos en nuestro cuerpo, porque están llenos de nuestra atmósfera, nuestra energía, nuestros pensamientos, nuestra información. Así, si una persona está acostumbrada a soñar y dormir bien, los objetos que usa a diario también se llenan con la energía que surge de estas circunstancias. Pueden ayudar a otros a alinearse con los sueños y sueños de calidad. Si puedes, solicita a algunas personas que son buenos soñadores que te presten algo para poner debajo de tu almohada o en tu mesita de noche. Esto estimulará la función de tus sueños. El único inconveniente de esto es que a menudo los sueños que tendrás se relacionarán con la persona que te prestó el objeto. Pero, el objetivo de esta técnica es reiniciar la función de sueño que estaba bloqueada. Lo más difícil es comenzar a recordar un primer sueño. Después de eso, las habilidades oníricas se despiertan rápidamente. Siempre que uno tenga una buena higiene de vida física y psicológica, la capacidad de soñar con todos los beneficios que aporta se puede mantener durante toda la vida.

He terminado con los "refuerzos externos" de la ayuda de las personas que te rodean, los objetos que pertenecen a las personas que sueñan bien, o el efecto del grupo.

Si todas las soluciones propuestas hasta ahora no han funcionado para ti, significa que tienes obstáculos que tendrás que esforzarte por eliminar antes de poder recordar tus sueños. Estos obstáculos pueden ser los efectos de un trauma psicológico o físico, sustancias que impiden que tu cerebro funcione de manera natural, sustancias que afectan tu equilibrio hormonal, un lugar donde duermes cuyas energías no son propicias para dormir bien, soñar y recargarse de vida. Entonces será necesario esforzarte por eliminar o minimizar estos obstáculos, con el único objetivo de recuperar el recuerdo de tus sueños.

CAPÍTULO 3: ELIMINACIÓN DE OBSTRUCCIONES PSICOLÓGICAS, MATERIALES Y ENERGÉTICAS DESFAVORABLES PARA EL RECUERDO DE LOS SUEÑOS

1) Obstáculos energéticos y materiales para recordar los sueños

Ciertas condiciones materiales en el lugar donde duermes pueden ser obstáculos para los recuerdos de los sueños. Al igual que los seres vivos, nuestro hermoso planeta Tierra no es solo material. También tiene una dimensión de energía. Está atravesado por redes de energía y también recibe e intercambia energías con su entorno y los otros planetas del sistema solar. Desde la antigüedad, los seres humanos se interesaron en estas redes de energía telúrica (que ahora se llaman "redes Hartman" en el occidente y "venas del dragón", en China), para construir sus hogares y establecer sus ciudades. Existen varias técnicas para detectar los nodos de la red Hartmann y las perturbaciones de energía que pueden causar. Las personas y animales sensibles pueden detectar todo esto directamente en sus cuerpos en el estado de vigilia. En el sueño, todos podemos hacerlo con mucha mayor facilidad. En el pasado, las casas no se construían sin estudiar las propiedades energéticas del lugar. Los antiguos romanos, por ejemplo, permitieron que los gansos vivieran durante un año en la tierra en que habían elegido construir. Después de un año, se observó el hígado de estos animales, de los que se decía que tenía la propiedad de reproducir el mapa del subsuelo. Pero los seres humanos entrenados en el arte de soñar hubieron podido ya en esta época hacer mucho mejor durmiendo y soñando en estos lugares. Los constructores romanos lograron saber dónde era mejor construir, pero ya en la antigua Roma gran parte de los conocimientos más antiguos acerca de las energías de la Tierra estaban perdidos.

Hoy en día, es aún peor, solo vemos el lado material de las cosas y construimos edificios sin tener en cuenta las energías de los lugares y las redes cosmo-telúricas. Por esta razón, muchos hábitats modernos no son propicios para un buen sueño y / o recordar los sueños. Si no estás durmiendo bien, y si no estás soñando bien cuando estás en tu casa, pero sueñas cuando estás viajando o durmiendo en un segundo hogar, tus problemas pueden provenir de tu hogar habitual o de la ubicación de tu cama.

En casa, intenta mover tu cama, configúrala de otra manera escuchando tu intuición o tus deseos, incluso si no es estético. Si tu cama está usualmente por encima de una línea o de líneas de energía telúrica, llamadas nudo de Hartmann, puede ser eso lo que perturba tu sueño, te enferma y te impide soñar bien. Ciertos cruces de energía, la presencia de ciertas cavidades y cursos de agua cubiertos pueden ser perjudiciales para la salud del ser humano y la capacidad de soñar. Cambia la ubicación de tu cama y experimenta. Encontrarás lo que está mal. No importa si la nueva posición de la cama no es estética o práctica. Al menos habrás intentado encontrar una solución a tus problemas. Siempre puedes volver a colocar tu cama en la posición inicial durante el día.

Este tipo de problema relacionado con las energías cosmo-telúricas también puede verse agravado por la cama. Los colchones con muelles de metal, los somieres de metal, los marcos de cama de metal perturban el campo electromagnético del cuerpo humano. Estos deben ser eliminados. Elige una cama, un colchón, sábanas y mantas de materiales naturales no alergénicos para ti. Evita todo lo que sea metálico en el armazón de la cama. La elección de la cama es importante. Nunca lo decimos lo suficiente, es obvio: para dormir bien, necesitas un buen colchón adaptado a tu tipo de cuerpo y una buena almohada que asegure que tus vértebras cervicales estén en una posición óptima, para que tu cerebro funcione al máximo y esté bien irrigado durante el sueño. No es la cama más cara y de moda que siempre funciona mejor. Conócete a ti mismo, observa tus sueños y tu sueño, y sabrás qué es lo mejor para ti en lo que respecta a la cama. Una cama adecuada te pondrá en condiciones óptimas para dormir bien, recuperarte mejor y así recordar mejor tus sueños. También asegúrate de que tu habitación esté bien ventilada, reciba luz y aire durante el día y esté oscura por la noche. La oscuridad relaja los ojos.

Además, mantén tu cama alejada de todos los electrodomésticos. Estos continúan emitiendo radiación incluso cuando están apagados. Idealmente, tu cama debe ubicarse lo más lejos posible de los enchufes eléctricos. Esto rara vez sucede en los hogares modernos. En lo posible, desenchufa el velador antes de dormir. Si tienes enchufes alrededor de tu cama, lo mejor es apagarlos por la noche directamente de la fuente (cortar la luz de este enchufe). Dormirás mejor y recordarás mejor tus sueños. En tu habitación, evita tener superficies reflectantes como ventanas y espejos, que son perjudiciales para un buen descanso y un buen sueño. Si los tienes y no puedes eliminarlos, cúbrelos con un paño o papel durante la noche.

Por supuesto, no se recomienda dormir con tu teléfono móvil encendido y en la mesa de luz o peor, debajo de la almohada. Perturba tu cerebro. Si tienes que dejar tu teléfono encendido, colócalo tan lejos de tu cabeza como sea posible. Radio relojes, televisores, tabletas, computadoras no deberían tener su lugar en un dormitorio. Si no puedes evitarlo, apágalos durante la noche, desenchúfalos y cúbrelos con un paño. El radio reloj hay que eliminarlo si queremos recordar los sueños. Hace que el cerebro se active al despertar y nos lleva al mundo exterior apenas despierto. Hemos visto que, para que los sueños fluyan hacia la conciencia, el cerebro debe estar pasivo, como en un estado de meditación, y receptivo a lo que está sucediendo en el cuerpo y dentro de nosotros mismos.

Además de las obstrucciones físicas asociadas con el dormitorio, existen otras obstrucciones físicas asociadas con la toma de ciertas sustancias y algunos medicamentos alopáticos.

2) Las drogas no favorecen los sueños

Sabemos que el té, el café, el alcohol y el tabaco son desfavorables para el proceso de los sueños. Lo que a menudo se desconoce es que las drogas como los anticonceptivos que afectan el equilibrio hormonal también pueden interrumpir el sueño y evitar un buen recuerdo de los sueños.

Depende de ti experimentar cuales son las sustancias que usas regularmente, y que podrían bloquear tus sueños. Atención, obviamente, algunos medicamentos no se pueden eliminar de la noche a la mañana sin riesgos y sin seguimiento médico. Deberás buscar ayuda de tu médico. Para las mujeres con anticonceptivos, intenten detenerlas por un tiempo y deberían dormir mejor y tener un mejor recuerdo de los sueños. También pueden observar lo que sucede en el sueño cuando ocurre la ovulación natural y descubrir los sueños que le informan sobre la ovulación o la menstruación.

Los tranquilizantes y antidepresivos tienen el triste resultado de suprimir la capacidad de recordar los sueños. Sin embargo, a pesar de estas circunstancias desastrosas para el arte de soñar, hay personas que son lo suficientemente resistentes como para soñar de vez mientras toman estos medicamentos, a veces durante muchos años. No soy hostil a los medicamentos alopáticos. Pueden ser muy útiles en emergencias o al final de la vida, para evitar sufrimientos innecesarios. Sin embargo, es una lástima convertirse en adicto a estas drogas cuando eres joven y existen muchas otras posibilidades para evitar el insomnio, recuperar un sueño natural y evitar o curar las depresiones.

Si tomas antidepresivos, pastillas para dormir, medicamentos para la presión arterial, grandes cantidades de alcohol, tabaco, café o té, tendrás que desintoxicarte si quieres comenzar a soñar nuevamente. Todas estas sustancias tienden a bloquear la actividad de los sueños. (Por supuesto, también hay excepciones).

En Occidente, creemos que sin medicamentos alopáticos, no es posible curar o aliviar ciertas patologías. En el pasado, cuando estas drogas no existían, los doctores usaban otros medios que tenían la ventaja de no tener efectos secundarios y no bloqueaban la actividad de los sueños. No digo que tengas que excluir todas las drogas alopáticas. Estas pueden ser de gran utilidad en caso de peligro para la vida de una persona. Pueden ser útiles en algunos casos, siempre que no sean adictivas y se usen por períodos cortos. La dependencia de drogas no es deseable, incluso cuando se trata, por ejemplo, de problemas de presión arterial. A este respecto, me gustaría señalar que a menudo he visto desaparecer problemas de tensión después de que el vientre se deshincha resultante de la limpieza intestinal. (Los invito a leer el precioso testimonio de Laure Goldbright, *Testimonio sobre los Beneficios de la Higiene Intestinal*) o del hecho de tomar hierbas contra los parásitos intestinales que pueden también hinchar el vientre.

Si eres dependiente de ciertos medicamentos y tienes menos de noventa años, no es demasiado tarde para cambiar esta situación y recuperar tu libertad de vivir normalmente y de soñar. Pero no debes dar este paso a la ligera y solo. Es mejor consultar a profesionales que te ayudarán a desintoxicarte sin riesgo para tu vida. Sé que en los Estados Unidos, desde hace mucho tiempo, existen asociaciones médicas que ayudan a los pacientes a salir de la adicción a las drogas alopáticas. Hace algunos años, lo busqué en vano en Francia para una persona que vino a consultarme. Tenía alrededor de 40 años y tomaba antidepresivos desde la muerte de su madre cuando tenía 20 años.

Esta persona también había buscado por su cuenta, pero no había encontrado nada en Francia. Más tarde, ella me contó sobre las clínicas de ayuno en Rusia de las que había oído hablar en televisión. En estas clínicas, gracias al ayuno bajo supervisión médica, es posible liberarse de las drogas. También hay clínicas de ayuno en otros países, incluida Alemania. Tienes que estar muy motivado para ir a una clínica y ayunar durante mucho tiempo. Pero cuando uno se da cuenta de todo lo que los sueños pueden traer en la vida, uno se da cuenta de que lo peor que le puede pasar a un ser humano es aislarse de sus sueños y de su vida interior. En este caso, se convierte en ni más ni menos que una especie de robot, prisionero de su cuerpo físico y sacudido por las circunstancias de su entorno. Afortunadamente, en el 99% de los casos y cualquiera sea la situación inicial, una persona motivada podrá recuperar todas o parte de las habilidades de sus sueños y desarrollarlas. Esto le permitirá vivir su verdadera vida y recuperar su verdadera personalidad y libertad.

Nunca he estado en una clínica de ayuno, pero he tenido todo tipo de experimentos sobre el efecto del ayuno en los sueños y el sueño. Al hacer estos experimentos, entendí por qué tantas religiones prescriben el ayuno y por qué en los antiguos templos de Esculapio se hacia ayunar a los peregrinos. El ayuno tiene un efecto muy poderoso en los sueños; cuando ayunamos dormimos mucho mejor y los sueños son mucho más brillantes. Los recordamos fácilmente. Si te gusta, pruébalo. Obtén un libro sobre ayuno e inténtalo como una aventura o, únete a una de las muchas asociaciones de ayuno que pueden acompañarte para aprender cómo ayunar unos días de manera segura.

3) Bloqueos psicológicos que obstaculizan el recuerdo de los sueños

Trauma emocional:

El trauma en la infancia, como el miedo a los monstruos, una película demasiado violenta pueden causar una desconexión entre el consciente y el subconsciente de una persona e instalar en su psiquis el temor de soñar. En este caso, los adultos que han experimentado este tipo de trauma en la infancia generalmente no recuerdan ningún sueño, incluso cuando duermen lo suficiente y en las mejores condiciones posibles. El trauma también puede ocurrir en la edad adulta y conducir al mismo resultado. En estos casos, primero debe curar el trauma que le impide soñar y que también bloquea parte de su energía. Para sanar estos traumas, puedes hacer algunas sesiones de acupuntura en las áreas de tu cuerpo que te están causando problemas. Esto a veces cura el trauma que el cuerpo ha somatizado. También puedes usar *Rescue Remedy*. Es un remedio homeopático disponible en tiendas orgánicas y también en algunas farmacias. Unas pocas gotas de este producto en el agua te traerán a la superficie algunas emociones ocultas (profundas), y te ayudarán a sanar tu trauma. Para un trauma más importante que ha resistido los pasos anteriores necesitarás la ayuda de profesionales calificados. También se observa al investigar los sueños que hay traumas transgeneracionales. Es decir, traumas que pueden pasar de una generación a otra.

La psicóloga Anne Ancelin Schützenberger cuenta en su libro: *¡Ay, mis antepasados¡* el ejemplo de una niña perturbada que dibujaba máscaras de gas. Después de investigaciones, se dio cuenta de que su abuelo había muerto durante la guerra en las trincheras, donde habían sido usado este tipo de máscaras que la niña dibujaba y que nunca podría haberlas visto antes. Existe toda una corriente de psicología transgeneracional que ayuda a los pacientes a liberarse de los recuerdos familiares que los perturban, creando pesadillas recurrentes o, impidiéndoles soñar. Si te interesa el tema, te aconsejo que leas el libro de Anne Ancelin Schützenberger, que cita muchos ejemplos interesantes con este tipo de traumas que se transmiten entre generaciones.

<u>Otros bloqueos debido a las actitudes psicológicas que se mantienen en la vida despierta:</u>

Algunas personas que mienten, son negativas, parasitarias, no se respetan a sí mismas, ni a otros, ni a su entorno ni a sus cuerpos, generalmente no muestran mucho interés en soñar. Sus sueños, en su mayoría, no son nada agradables y prefieren no recordarlos. Para tener sueños agradables y brillantes, uno debe ponerse en condiciones psicológicas correctas. En el antiguo Egipto, se sabía por ejemplo que mentir perturbaba la circulación de la energía en el cuerpo y también en la sociedad humana. Los antiguos egipcios decían que mentir era la abominación de los Dioses. Al mismo tiempo, no juzgaban a los mentirosos y no trataban de hacerlos sentir culpables o hacer que "expiaran sus faltas". No tenían nuestra mentalidad judeocristiana. Eran pragmáticos y pensaban que la idea del pecado y la culpa que se les atribuía, no les servían. Por el contrario, consideraban que era suficiente darse cuenta de que estas actitudes son contrarias a la vida y las cambiaban. Los antiguos egipcios consideraban que siempre era posible cambiar una actitud equivocada, mejorarse a uno mismo y estar en conformidad con las leyes de la vida. Es interesante descubrir que el Dr. William H. Bates, el oftalmólogo estadounidense del que ya he hablado anteriormente, ha observado que la visión de los seres humanos baja automáticamente cuando mienten, lo que se ve inmediatamente al observar los ojos con el retinoscopio. Lo cito:

"Aún más revelador, una persona puede tener una buena visión cuando dice la verdad; pero, si afirma algo incorrecto, incluso sin intención de engañar, o incluso si se imagina algo incorrecto, entonces ocurre un mal funcionamiento visual u error de refracción. La experiencia muestra que el hombre está hecho de tal manera que es imposible para él decir o imaginar algo incorrecto sin un esfuerzo particular involuntario, que es una tensión ". (Dr. William H. Bates, traducido por John Philippe Marie, *Una visión perfecta sin gafas, sin tratamiento o intervención*, Courrier du Livre, 2008)

CONCLUSIÓN

Aquí estamos en el final de este libro que te ha presentado una abundancia de soluciones para recuperar la memoria de tus sueños. ¡Espero que gracias a esta información puedas soñar normalmente y disfrutar de una "vida de sueño"!

Con toda la información de este libro deberías haber encontrado la solución para recuperar la memoria de tus sueños. Si no es el caso, puedes contactarme para una consulta. Encontraras todas las informaciones en mi sitio Internet:

www.amancini.com

¡En ausencia de un traumatismo importante, si has intentado sin éxito todas las soluciones en este libro, sólo te queda elegir entro agarrarte la cabeza o saltar por la ventana sin paracaídas! Pero no, es una broma, ven y consúltame. Primero intenta todo lo que puedas para recuperar las habilidades de tus sueños. En este caso, estaré encantada de descubrir ayudándome con mis propios sueños a desbloquear el poder de tus sueños. Puedes beneficiarte del impulso de la energía de mis sueños que es superior a la media, dado todo el tiempo que he invertido en esta área a lo largo de mi vida.

A menudo sucede que después de asistir a una de mis conferencias, las personas empiezan espontáneamente en soñar de nuevo cuando no han soñado durante mucho tiempo. Estoy realmente feliz por ellos.

Si has leído este libro detenidamente, puede ser suficiente para desbloquear tu memoria de los sueños.

¡Buena suerte!

SOBRE LA AUTORA DE ESTE LIBRO

Anna Mancini, francesa de origen italiano, vive en París y es escritora y conferenciante. Estimulada por su cultura familiar, ha estado interesada en los sueños desde su primera infancia.

Más tarde, mientras escribe su tesis doctoral sobre derecho de patentes, un gran sueño cambia su vida. Este sueño especial y muy claro le da la solución de un enigma de la antigua ley romana que muchos investigadores de todo el mundo no pueden resolver.

Contra todo pronóstico, en lugar de ser recibida con entusiasmo por la comunidad universitaria, Anna fui rechazada y nunca puso presentar esta tesis. Así es como ella decide dedicarse por completo a la investigación y la experimentación en el proceso de los sueños.

Durante muchos años, ha estado observando sueños y soñadores, y ha estado experimentando comprender la influencia de su entorno y estilo de vida en el contenido de sus sueños. Para su investigación, ella también se ha beneficiado de enseñanzas antiguas y desconocidas sobre la psiquis humana, que nos han llegado a través de los vestigios de los antiguos sistemas legales.

A través de esta forma original de trabajar en sueños y usar sus propios sueños, que la guiaron a través de su investigación, ella fue capaz de:

- desarrollar un método innovador y eficaz de interpretación del lenguaje de los sueños;

- una técnica que permite hacer preguntas a nuestro subconsciente y obtener respuestas en cualquier campo;

- comprender las condiciones favorables y desfavorables para la ocurrencia de sueños creativos;

- y muchas otras cosas que facilitan la vida de vigilia y aumentan la vitalidad de los soñadores.

En 1995, fundó la asociación de investigación "Innovative You", con sede en París, donde pudo experimentar con otros, las técnicas de trabajo en sueños que ha desarrollado después de una larga investigación personal.

Anna Mancini ha escrito muchos libros que puedes encontrar en Amazon :

Las conferencias, talleres y capacitaciones de Anna Mancini se anuncian regularmente en su sitio web personal.

Puedes registrarte en sus listas de correo visitando su sitio web personal:

Francés y otras lenguas: www.amancini.com
Español: http://espanol.amancini.com

Canales de Youtube:

Francés con subtitulos españoles:
https://www.youtube.com/@lasignificationdesreves

Español:
https://www.youtube.com/@elsignificadodetussuenos

Otros libros sobre los sueños escritos por Anna Mancini

El Significado De Los Sueños

Tus Sueños Pueden Salvar Tu Vida

La Clarividencia Onírica, Aprenda A Ver Su Futuro En Sus Sueños

Estrategias Para Recordar Los Sueños

Estrategias Para Dormir Mejor Y Volver A Tener Un Descanso Ideal

¿Cómo Nacen Los Inventos? Un Método Efectivo Para Obtener Ideas Innovadoras Gracias A Tus Sueños

Sueños Y Salud, Descubre Los Sueños Más Comunes Que Te Informan Sobre El Estado De Tu Cuerpo Y Aprovéchalos Para Permanecer Saludable

Las Leyes De La Energía Humana A Través De Los Sueños, Cómo Gestionar Mejor Tu Energía, Aumentarla Y Evitar Estados Depresivos Usando Tus Sueños

Cómo Conocer Los Secretos, Enigmas Y Misterios Del Antiguo Egipto Y De Todas Las Antiguas Civilizaciones

LOS LIBROS DE ANNA MANCINI PARA AYUDARTE A DESARROLLAR TUS HABILIDADES DE ENSUEÑO, SOÑAR MEJOR, Y DORMIR MEJOR

Se necesita una cantidad variable de tiempo para entrenar de manera efectiva en mis técnicas de sueño. Este tiempo varía según el nivel inicial del estudiante. Cualquiera puede aprender este arte de soñar, incluso las personas que creen que no están soñando y hasta las que tienen problemas para dormir. Simplemente comienzas en el nivel que es tuyo.

Cualquiera que piense que no sueña o que solo recuerda sus sueños cuando son pesadillas puede beneficiarse enormemente de la lectura del libro que escribí para ellos: *Estrategias para recordar los sueños*

Todos aquellos que tengan problemas de insomnio y que ya hayan probado de todo, se beneficiarán de la lectura del libro que escribí para ellos: *Estrategias para dormir mejor y volver a tener un descanso ideal,* que abre otros horizontes de comprensión y alivio de los problemas de insomnio. También les aconsejo que lean el libro de Laure Goldbright, *Testimonio sobre los beneficios de la higiene intestinal*. Porque el estado del aparato digestivo influye mucho en la calidad de nuestro sueño y es el causante de muchos trastornos del sueño.

Aquellos que ya sueñan bien y suelen recordar bien sus sueños pero no entienden su significado, leerán provechosamente primero: *El Significado De Los Sueños*.

OTROS LIBROS MAS ESPECIALIZADOS EN TECNICAS ONIRICAS ESTAN ESPECIALMENTE DIRIGIDOS A:

- a inventores, investigadores y científicos: *¿Cómo Nacen Los Inventos? Un Método Efectivo Para Obtener Ideas Innovadoras Gracias A Tus Sueños*

- a los arqueólogos e historiadores: *Cómo Conocer Los Secretos, Enigmas Y Misterios Del Antiguo Egipto Y De Todas Las Antiguas Civilizaciones*

- a las personas que deseen desarrollar sus llamados talentos paranormales para conocer su futuro: *La Clarividencia Onírica, Aprenda a Ver su Futuro en sus Sueños*

Además, ante la aceleración en el número de desastres naturales y el auge del terrorismo, me comprometo a difundir la idea de que es posible, gracias a los sueños, ser advertido de estos peligros y escapar de ellos por completo, salvando también la vida de nuestros seres queridos. Escribí en este sentido: *Tus sueños pueden salvar tu vida*. Aconsejo a todos los que viven en zonas peligrosas crear, en su ciudad, su pueblo, su barrio, su comunidad o su empresa un grupo de vigilancia de los sueños. Encontrará todas las explicaciones en el libro para que este grupo funcione de manera efectiva.

ÍNDICE

INTRODUCCIÓN *3*

CAPÍTULO 1: El ABC PARA RECORDAR LOS SUEÑOS *11*

1) La importancia del tiempo de sueño 12

2) ¿A qué hora cenas? ¿Qué estás comiendo? ¿Y cuánto tiempo después de la cena vas a dormir? 18

3) ¿Cómo te levantas? 21

CAPÍTULO 2: AYUDAS PARA RECORDAR MEJOR LOS SUEÑOS *27*

1) Auto-ayudas para hacer volver a la memoria sueños enteros, imágenes o fragmentos de los sueños 27

2) Ayudarse con técnicas materiales 37

3) Los "refuerzos" externos 45

CAPÍTULO 3: ELIMINACIÓN DE OBSTRUCCIONES PSICOLÓGICAS, MATERIALES Y ENERGÉTICAS DESFAVORABLES PARA EL RECUERDO DE LOS SUEÑOS *57*

1) Obstáculos energéticos y materiales para recordar los sueños 57

2) Las drogas no favorecen los sueños 61

3) Bloqueos psicológicos que obstaculizan el recuerdo de los sueños 65

CONCLUSIÓN.. *69*

SOBRE LA AUTORA DE ESTE LIBRO........................ *71*

LOS LIBROS DE ANNA MANCINI PARA AYUDARTE A DESARROLLAR TUS HABILIDADES DE ENSUEÑO, SOÑAR MEJOR, Y DORMIR MEJOR........................ *77*

OTROS LIBROS MAS ESPECIALIZADOS EN TECNICAS ONIRICAS *79*

www.ingramcontent.com/pod-product-compliance
Lightning Source LLC
Chambersburg PA
CBHW071736040426
42446CB00012B/2376